Aprender a leer. Mis primeras sílabas y palabras. Volumen 3
D. Carlini

Todos los derechos reservados

Cualquier forma de reproducción, distribución, comunicación pública o transformación de esta obra solo puede ser realizada con la autorización del autor, salvo excepción prevista por la ley.

© 2017, D. Carlini
ISBN: 978-1541310568

Ilustración de portada: Clara Spinassi

APRENDER A LEER
Mis primeras sílabas y palabras

VOLUMEN 3

Sobre la colección

La lectura es una herramienta esencial para el desarrollo de nuestros hijos y, por ello, incentivar y ayudar al niño a aprender a leer es el mejor regalo que podemos hacerle durante sus primeros años de vida.

La colección **Aprender a leer** pone a disposición de padres y equipos docentes el material necesario para garantizar el progreso del niño, desde sus primeros pasos hasta la lectura fluida.

Los diferentes volúmenes que conforman la colección combinan, desde un enfoque holístico, moderno y divertido, lo mejor de los métodos de introducción a la lectura más ampliamente contrastados (sintético y analítico o global), facilitando el aprendizaje y gusto por la lectura del niño.

El objetivo de la colección no es otro sino que el niño consiga leer con fluidez y soltura palabras formadas por cualquier sílaba, comprendiendo inmediatamente su significado.

Aunando el tradicional método silábico con el trabajo con imágenes y palabras completas, nuestro sistema facilita los mecanismos necesarios para que el niño progrese rápidamente en el proceso lector al tiempo que refuerza la comprensión de conceptos. Esta aproximación permite comenzar la enseñanza de la lectura con nuestro sistema a niños de edades comprendidas entre los 3 y los 6 años.

Haber ayudado en sus primeros pasos a miles de pequeños lectores en todo el mundo es, sin duda, nuestro mayor éxito.

Esperamos que, con nuestra modesta contribución, sus hijos sean los siguientes.

Cómo usar esta guía

Aprender a leer es un proceso que puede ser largo. La regularidad y constancia es un requisito imprescindible y por ello aconsejamos practicar unos minutos cada día.

Igual de importante que la constancia en el ejercicio es su componente lúdica: el niño debe percibir el proceso de aprender a leer como un juego, como un momento divertido que sus padres o educadores comparten con él.

El trabajo debe plantearse en todo momento desde la sensación de éxito: el niño debe sentir que cada día aprende algo nuevo o domina mejor lo ya aprendido. Si se da cuenta de que va ganando pequeñas batallas, ganará la guerra. Desde este punto de vista, el refuerzo positivo ("*lo has hecho muy bien*", "*enhorabuena*") es esencial.

Las correcciones (inevitables a lo largo del proceso) deben realizarse desde la paciencia. Un pequeño gesto facial del padre o profesor, un carraspeo o un *"no te he oído bien ¿puedes repetirlo?"* serán ayudas más que suficientes para que el niño actúe con más atención. Conviene que el adulto evite expresiones como: *"eso está mal"* o *"¡no!¡así no es!"*; pudiendo sustituirlas, por ejemplo, por indicaciones como: *"¿estás seguro?"*, *"¡fíjate otra vez!"* o *"¡míralo despacio!"*.

Nuestro método introduce frecuentes etapas de revisión. Estos pequeños pasos facilitan el progreso del niño consolidando lo aprendido y asentando cimientos seguros y firmes sobre los que se apoyarán los progresos y las dificultades de mayor grado que se abordarán posteriormente. Resultan por tanto imprescindibles para garantizar el avance del niño y deberemos dedicar el tiempo y atención que requiere completarlos adecuadamente.

Nuestras guías presentan sus contenidos tanto en letra cursiva enlazada (utilizada habitualmente en textos infantiles) como letra de imprenta no enlazada. Nuestro consejo es que en la iniciación del método se utilice un solo tipo de letra hasta que el alumno tenga soltura y que se utilice el tipo de letra de uso habitual en su propio contexto cultural y educativo.

En este tercer volumen de la colección **Aprender a leer** el niño completará su recorrido por las sílabas directas (consonante-vocal) iniciado en los dos volúmenes anteriores y comenzará a trabajar con las sílabas inversas (estructuras vocal-consonante y consonante-vocal-consonante). Es este un bloque de cierta dificultad que una vez superado permitirá al niño leer ya con soltura palabras relativamente complejas.

Cada sesión de trabajo (diaria a ser posible) no debería superar los 10 o 15 minutos. El desarrollo de cada sesión es sencillo:

- Dedique los primeros instantes de la sesión a revisar lo visto en jornadas anteriores.
- Pida al niño que identifique una a una las letras que forman cada una de las palabras presentadas. Ayúdele a crear las sílabas ("*la M con la A, MA*") y a partir de las sílabas la palabra completa ("*MA con NO, MA-NO*"), apoyándose en la ilustración para reforzar la asociación con el significado de la palabra.
- Una vez leída la palabra, insista una vez más en la construcción de la sílaba o construcción señalada en color rojo.
- Una vez terminada la secuencia de palabras de una página, pídale leer una vez más las sílabas en rojo.
- Dé por terminada la sesión al completar dos páginas.
- Dedique una atención especial a los ejercicios de revisión.

Perseverancia y paciencia son claves para tener éxito en el proceso. ¡Sea constante y observará avances rápidos en muy poco tiempo!

H

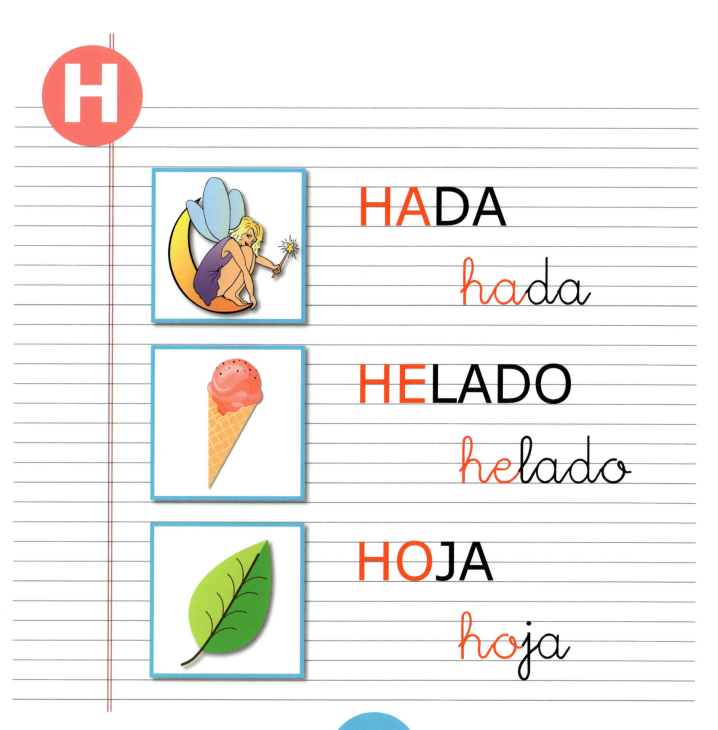

HADA
hada

HELADO
helado

HOJA
hoja

COCHE
*co*che

CHOCOLATE
*cho*colate

CHUPETE
*chu*pete

Revisión

HA ha		CHA cha
HE he		CHE che
HI hi		CHI chi
HO ho		CHO cho
HU hu		CHU chu

Ll

LLAVE

llave

GALLETA

galleta

LLUVIA

lluvia

17

 PA**YA**SO

*pa**ya**so*

 RA**YO**

*ra**yo***

Revisión

YA	ya	LLA	lla
YE	ye	LLE	lle
YI	yi	LLI	lli
YO	yo	LLO	llo
YU	yu	LLU	llu

ZAPATO

*za*pato

ZORRO

*zo*rro

ZUMO

*zu*mo

CAMA

cama

QUESO

queso

EQUIPO

equipo

Revisión

ZA za	CA ca
ZE ze	QUE que
ZI zi	QUI qui
ZO zo	CO co
ZU zu	CU cu

GÜ

HO**GUE**RA
hoguera

CI**GÜE**ÑA
cigüeña

GUITARRA
guitarra

PIN**GÜI**NO
pingüino

SÍLABAS INVERSAS

PALMERA

***pal**mera*

BOLSO

***bol**so*

PULPO

***pul**po*

ESCOBA

*es*coba

CASTILLO

*cas*tillo

PASTEL

*pas*tel

Revisión

AL	al	AS	as
EL	el	ES	es
IL	il	IS	is
OL	ol	OS	os
UL	ul	US	us

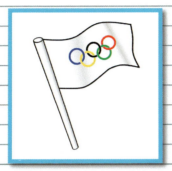 **BAN**DERA

*ban*dera

 **VEN**TANA

*ven*tana

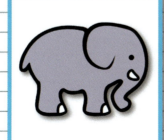 ELE**FAN**TE

ele*fan*te

 CAMIÓN

camión

 VIOLÍN

violín

 BUZÓN

buzón

 **BOM**BERO

*bom*bero

 **TAM**BOR

*tam*bor

 **EM**BUDO

*em*budo

Revisión

AN	an	AM	am
EN	en	EM	em
IN	in	IM	im
ON	on	OM	om
UN	un	UM	um

 BARco
barco

 CARta
carta

 HORMIGA
hormiga

PEZ

pez

LÁPIZ

lápiz

ARROZ

arroz

Revisión

AR	ar	AZ	az
ER	er	EZ	ez
IR	ir	IZ	iz
OR	or	OZ	oz
UR	ur	UZ	uz

¡A leer!

HIELO *hielo*

HUESO *hueso*

CHAPA *chapa*

CHICO *chico*

¡A leer!

TAZA   taza

CEREZA   cereza

COCINA   cocina

CAZO   cazo

¡A leer!

CHOQUE *choque*

MÁQUINA *máquina*

DESAYUNO *desayuno*

HUELLA *huella*

¡A leer!

MOSCA *mosca*

JAMÓN *jamón*

ENCHUFE *enchufe*

GAFAS *gafas*

¡A leer!

MONTAÑA *montaña*

BALCÓN *balcón*

TORTILLA *tortilla*

CIRCO *circo*

¡A leer!

SARTÉN *sartén*

MARTILLO *martillo*

TENEDOR *tenedor*

ONCE *once*

Printed in Poland
by Amazon Fulfillment
Poland Sp. z o.o., Wrocław